VIER WOCHEN MIT ...

Teresa von Avila

Freundschaft, die trägt

Hg. von Gudrun Griesmayr

VERLAG NEUE STADT
MÜNCHEN · ZÜRICH · WIEN

MIX
Papier aus verantwortungsvollen Quellen
FSC® C106847

Print CO2 kompensiert
Id-Nr. 1443621
www.bvdm-online.de

1. Auflage der Neuausgabe 2015

Umschlagabbildung: Peter Paul Rubens, Die hl. Teresa von Avila (Ausschnitt)
Gestaltung und Satz: Neue-Stadt-Graphik
Druck: fgb – Freiburger Grafische Betriebe, Freiburg i. Br.
ISBN 978-3-7346-1048-6

www.neuestadt.com
Printed in Germany

VORWORT

Die spanische Mystikerin Teresa Sánchez de Ahumada y Cepeda (Teresa de Jésus) wurde am 28. März 1515 in Avila (Kastilien) geboren. Mit 20 Jahren trat sie in das Karmelitinnenkloster von der Menschwerdung (Encarnación) in Avila ein. Ihre innere Bekehrung erfuhr sie 1554 vor einem Bild des leidenden Jesus. Sie reformierte den Karmelitenorden und führte ihn zur Strenge der ursprünglichen Ordensregel zurück (die sog. Unbeschuhten Karmeliten). 1562 gründete sie das erste Kloster der Reform. Es folgten 16 weitere Frauenklöster (zwei davon in ihrem Auftrag durch Ana de Jésus) und zwei Männerklöster. Teresa starb am 4. Oktober 1582 in Alba de Tormes. 1614 erfolgte ihre Seligsprechung, 1622 die Heiligsprechung. Papst Paul VI. erhob am 27. September 1970 die Spanierin als erste Frau zur Kirchenlehrerin. In seiner Ansprache sagte der Papst: „Sie war ein literarischer Genius von unglaublicher Fruchtbarkeit, eine Lehrerin des geistlichen Lebens, kontemplativ wie kaum eine zweite und zugleich unermüdlich tätig. Eine große, eine einmalige und doch so menschliche und anziehende Persönlichkeit."

Teresa schrieb vier große Werke: ihre Autobiografie (*Vida*, 1560–62), „Weg der Vollkommenheit" (*Camino de Perfección*, 1562–65), Das „Buch der Klosterstiftungen" (*Fundaciones,* 1573–81), „Die innere Burg" (*Las Moradas del Castillo interior*, 1577). Zudem sind von ihr mehrere kleinere Schriften, Gedichte sowie mehr als 400 Briefe (von schätzungsweise 16000 geschriebenen) erhalten.

Teresa von Avila gilt als eine der bedeutendsten Frauen der Kirchengeschichte und als Meisterin des Gebets. Sie lehrt ihre Art des Betens, fern von aller rein äußeren Frömmigkeitsübung, frei von aller bedrückenden Pflichterfüllung. Es ist der Weg des inneren Betens, verstanden als Freundschaft mit Gott bzw. Christus. Im Mittelpunkt steht die persönliche Beziehung mit Jesus, der ihr zum „Freund fürs Leben" wird. Es ist eine Freundschaft, die trägt, die innigste Gemeinschaft wird.

Teresas geistlicher Weg hat sich ihr in Jahren des Suchens und inneren Ringens und auch auf Umwegen erschlossen. Sie behielt die dabei gemachten Erfahrungen und gewonnenen Erkenntnisse nicht für sich, sondern teilte sie mit und leitete andere zu dieser Freundschaft mit Gott an.

Sie empfiehlt, sich Gleichgesinnte zu suchen, um sich mit ihnen auszutauschen und einander auf diesem Weg zu helfen. Bei aller Entschlossenheit und Ausdauer, die vom Einzelnen gefordert sind, ermutigt sie dazu, sich der Führung Christi anzuvertrauen. Als gute Lehrmeisterin ist sie voller Milde und Verständnis, aber auch mit einem klaren Urteil und großer Entschlossenheit im Umgang mit anderen. Ihre Ratschläge zeichnen sich durch Weite und Achtung der individuellen Freiheit aus. Bei allem aufrichtigen Bemühen warnt sie davor, sich selbst zu überfordern. Sie rät, jeder solle das tun, was ihm möglich ist, und mit Christus als Freund an der Seite zuversichtlich vorangehen.

In vier mal sieben Tagesimpulsen lassen wir uns von Teresa auf diesem Weg begleiten.

Gudrun Griesmayr

Inhalt

I – Sich auf den Weg machen

Um sich auf die Suche nach Gott zu machen, so Teresas Erkenntnis, kommt es darauf an, irgendwie anzufangen und sich dann durch nichts mehr davon abbringen zu lassen. Dabei werden wir feststellen, dass bei allem Bemühen unsererseits es Gott selbst ist, der uns in seiner Liebe entgegenkommt, uns „anlockt" und in unserem Herzen die Liebe zu ihm weckt.

Eine solche Entscheidung muss mit Widerstand rechnen – im eigenen Innern und von außen. Hier sind Gleichgesinnte von unschätzbarem Wert. Die Gemeinschaft mit anderen gibt Halt und schenkt die Erfahrung, dass man viel geben und viel empfangen kann.

Doch werden wir nur vorankommen, wenn wir bereit sind, loszulassen, was uns auf dem Weg mit Gott behindert, ablenkt oder aufhalten will. Nur wenn wir auf falsche Sicherheiten verzichten, können wir erfahren, dass Gott der einzige wirkliche Halt im Leben ist.

1. DER ANFANG

Ich hatte ein glühendes Verlangen nach dem ewigen Leben, und ich war entschlossen, es um jeden Preis zu erlangen. Heute staune ich darüber, weil ich – ehe ich das innere Beten zu üben begann – noch nicht sehr von Gottes Liebe entzündet war. Ich hatte nur eine lichte Erkenntnis, dass alles, was einmal zu Ende geht, gering zu achten, das ewige Leben aber von großem Wert sei.

(Vida 5,2)

Kenne ich Momente, in denen ich mich nach „mehr“, nach Bleibendem sehne?

2. SAMMLUNG

Mit einem Buch, das mir gleichsam als Gefährte oder Schild diente, fing ich all meine eigenartigen Gedanken auf und ward getröstet. Wenn ich aber kein Buch zur Hand hatte, verlor ich mich bald in Zerstreuungen. Ein Buch hingegen sammelte meine Gedanken und zog mein Inneres an. Oft genügte, dass ich das Buch nur öffnete. (Vida 4,9)

Ich betrachtete gern Felder, Wasser, Blumen.
Diese Dinge weckten mich auf
und halfen mir zur Sammlung.
Sie ersetzten mir ein Buch. (Vida 9,5)

Die Fähigkeit zu beten,
die mir der Herr gab,
war so gut für mich,
dass ich begriff,
was es heißt, ihn zu lieben. (Vida 6,3)

Was hilft mir zur Sammlung?
Ein Buch, die Natur, ein bestimmter Ort …?

3. VON GOTT GESUCHT

Ich glaube, ich erkannte gut, dass ich Gott liebte. Doch begriff ich noch nicht, was wahre Liebe zu Gott bedeutet. Auf jeden Fall war ich überzeugt, dass ich nie zu Gott gelangt wäre, hätte er sich nicht zuvor um mich bemüht.

(Vida 9,9)

Gott kennt unsere armselige Natur besser als wir. Er kennt unser Verlangen, immer an ihn zu denken und ihn zu lieben.

(Vida 11,15)

Ich fühle mich innerlich angeregt, etwas für den Herrn zu tun. Weil ich nicht mehr tun kann, schmücke ich Bilder mit Blumen, reinige oder ordne den Gebetsraum. Ich tue so unbedeutende Dinge, dass ich mich schäme.

Der Herr muss schon mit meinem guten Willen zufrieden sein.

(Vida 30,20)

Wenn ich unbedeutende Dinge tat – da ich so armselig bin, war das schon anstrengend für mich –, kam ich langsam voran und wurde zu

Größerem fähig. So klein die Dinge auch sind, Gott sieht sie als groß an, wenn wir sie um seinetwillen tun.

(Vida 31,24)

Ich will auf Gottes Wohlwollen vertrauen!

4. SEHNSUCHT UND EINSAMKEIT

Ich sehnte mich nach Einsamkeit und unterhielt mich gern über Gott. Fand ich jemand, der an dieser Unterhaltung Freude hatte, war dies für mich eine bessere Erholung als alle Arten oder Unarten weltlicher Unterhaltung.

(Vida 6,4)

Das innere Gebet
ist die Pforte zu den großen Gnaden,
die der Herr mir erwies.
Ist diese Pforte verschlossen,
wie soll Gott sich dem Menschen mitteilen?
Will er eintreten,
um den Menschen zu erfreuen und zu trösten,
findet er keinen Zugang.
Gott will,
dass das Innere des Menschen einsam sei,
lauter und voll Sehnsucht
nach seinem Trost.

(Vida 8,9)

Ich suchte Heilung und wandte auch Mittel dazu an. Aber ich erkannte nicht, dass nichts uns hilft, wenn wir nicht unser ganzes Vertrauen auf Gott allein setzen ...

Ich sehnte mich nach Leben, denn ich sah sehr wohl, dass ich nicht lebte, sondern mit einem Todesschatten kämpfte. Doch ich fand niemand, der mir Leben gab, und ich selbst konnte es mir nicht geben. (Vida 8,12)

Ich vertraue Gott meine Sehnsucht an.

5. FREUNDE SUCHEN

Allen, die das innere Beten üben, besonders den Anfängern, rate ich, Freundschaft und Kontakt mit denen zu suchen, die ebenfalls das Beten üben. Das ist sehr wichtig, auch wenn man dadurch nicht mehr erreicht, als dass andere einem mit ihren Gebeten zu Hilfe kommen.

Wer in reiner Absicht mit Freunden geistliche Erfahrungen bespricht, wird sowohl sich selbst als auch den Zuhörern nützen. Er wird an eigener Einsicht wachsen und, auch ohne es zu beabsichtigen, seine Freunde bereichern.

(Vida 7,20)

Die Liebe wächst,
wenn sie sich anderen mitteilt.
Sie empfängt viel Gutes
durch Kontakte mit geistlichen Freunden.

(Vida 7,22)

Beginnt jemand, sich Gott hinzugeben, gibt es so viele, die sich darüber aufregen, dass er sich dringend nach Freunden umsehen muss, bei denen er Schutz findet, um Kraft zu gewinnen, um vor Leiden nicht zurückzuschrecken.

(Vida 7,22)

Wann habe ich zuletzt mit einem anderen über mein Leben aus dem Glauben gesprochen? Wer könnte ein Gesprächspartner sein?

6. LOSLASSEN

Es fällt uns schwer,
uns Gott ganz hinzugeben.
Wir glauben, ihm alles zu überlassen,
und doch geben wir ihm
nur eine Kleinigkeit.
Grund und Boden behalten wir für uns.

(Vida 11,2)

Wir haben Angst, die Erde unter unseren Füßen zu verlieren, wenn wir uns nur etwas weniger Sorge um unseren Körper und mehr Gedanken um das Geistige machen. Weil die Sorge um das tägliche Brot uns beim Gebet unruhig machen kann, glauben wir, beim Beten mehr gesammelt zu sein, wenn wir mit allem Notwendigen gut versorgt sind.

Es ist schade, dass wir so wenig Vertrauen auf Gott haben und uns selbst so lieben, dass uns alles beunruhigt.

(Vida 13,4)

Ich habe nur Trost, wenn ich Menschen finde, die eine Sehnsucht haben wie ich. Ich meine eine Sehnsucht, die nach Taten verlangt. Denn es gibt Leute, die glauben, sie seien vom Irdischen losgeschält, dabei sind sie es nicht. Man erkennt es, wer sich nur in Worten entäußert und wer auch Taten für diese Hingabe vollbringt. Wer Erfahrung hat, sieht dies deutlich.

(Vida 21,7)

Alles Gott schenken, mein Denken, Reden und Tun …

7. VON GOTT GEHALTEN

Ich weiß nicht,
warum wir dieses Leben noch lieben,
wo doch alles so unsicher ist.
Ich fand es unmöglich, Herr,
dich zu verlassen,
und doch bin ich oft
von dir fortgegangen.
Daher auch meine ständige Angst.
Denn wenn du
dich zurückziehen würdest,
fiele ich mit allem Guten,
das ich von dir empfangen habe,
elend zu Boden.
Obwohl ich dich verließ,
hast du mich nicht ganz verlassen
und mir stets deine Hand
zum Aufstehen gereicht.
Oft aber, Herr,
wollte ich deine Hand nicht ergreifen
noch deine Stimme hören.

(Vida 6,9)

Ich führte ein Leben voller Qual. Ich hatte große Freude an geistlichen Dingen, aber die weltlichen fesselten mich. Ich wollte zwei so entgegengesetzte Dinge wie geistliches Leben und sinnliche Freude und Genüsse vereinen. Das Gebet verursachte mir große Beschwerden. Mein Geist war nicht Herr, sondern Sklave. Ich konnte mich nicht in mich einschließen, ohne zugleich auch tausend Nichtigkeiten einzuschließen. Viele Jahre war das so, und ich wundere mich, wie ich das ausgehalten habe. Doch ich weiß auch, dass es nicht mehr in meiner Macht stand, das innere Beten ganz aufzugeben.

Gott, der mich liebte, hielt mich in seiner Hand.

(Vida 7,17)

Ich schaue mein Leben an, in aller Ehrlichkeit vor mir selbst und im Vertrauen, von Gott gehalten zu sein.

II – Freundschaftlicher Umgang mit Gott

Gott ist Mensch geworden. In Jesus Christus schauen wir Gott ins Gesicht, können wir seine göttliche Liebe berühren. Das erfährt Teresa auf existenzielle Weise. Jesus ist ihr Weg zur Freundschaft mit Gott, und er ist ihr ein liebevoller Freund und Gefährte.

Die Liebe öffnet Türen und weist Wege. Sie ist der innere Antrieb, um sich nicht mit wenig zufriedenzugeben, sondern Grenzen zu überwinden, hoch hinaus zu streben und mutig und entschlossen neue Räume auszuschreiten. Dabei gilt es auch klug zu sein und sich nicht zu überfordern. Überlassen wir es Gott, wie und wann er sich erfahren lässt.

1. VOR GOTTES ANGESICHT

Wir stehen zwar immer vor Gottes Angesicht, aber jene, die das innere Gebet üben, scheinen es auf eine besondere Weise zu tun: Sie sind sich immer bewusst, dass Gott sie sieht, während die anderen es wohl tagelang vergessen. (Vida 8,2)

Das innere Gebet
ist meiner Ansicht nach
nichts anderes
als Umgang und vertraute Zwiesprache
mit einem Freund,
mit dem wir oft und gern
allein zusammenkommen,
um mit ihm zu reden,
weil wir wissen,
dass er uns liebt.

(Vida 8,5)

Mein Gott, ich begreife nicht, warum nicht alle danach verlangen, in dieser besonderen Freundschaft mit dir verbunden zu sein. Jene, die dir nicht ähnlich sind, sollten gerade deshalb zu dir gehen. Würden sie dich täglich nur zwei Stunden bei sich dulden, du würdest sie gut machen, auch wenn sie mit tausend unruhigen Sorgen und Gedanken bei dir verweilten – so wie ich früher.

(Vida 8,6)

Öfter daran denken, dass Gottes liebender Blick auf mir ruht …

2. MUT UND ENTSCHLOSSENHEIT

Setzen wir unserer Sehnsucht nach Gott keine engen Grenzen. Seien wir überzeugt, dass wir mit Gottes Hilfe und eigener Anstrengung zwar nicht sofort, aber doch nach und nach dahin gelangen, wohin so viele Heilige mit göttlicher Hilfe gelangt sind. Sie hätten es nicht so weit gebracht, wenn sie nicht ihrer Sehnsucht hohe Ziele gesetzt und nicht den Wunsch gehabt hätten, sie allmählich zu erreichen.

(Vida 13,2)

Gott liebt mutige Herzen, wenn sie nur demütig sind und nicht auf sich selbst vertrauen. Ich bin erstaunt, wie sehr es auf dem Weg des Gebets darauf ankommt, mutig zu sein und große Dinge in Angriff zu nehmen. Hat der Betende auch noch nicht die Kraft, alles ins Werk zu setzen, so beginnt er doch schon, sich von der Erde zu lösen. Er kommt weit voran, selbst wenn er, wie ein Vöglein, das noch nicht flügge ist, schnell müde wird und sich ein wenig ausruht.

(Vida 13,2)

Traue ich Gott Großes zu?

3. GEDULD

Viele Menschen schlagen falsche Wege ein. Sie wollen fliegen, ehe Gott ihnen Flügel gegeben hat. Manche fangen mit festen Entschlüssen an. Äußerlich scheinen sie alles für Gott verlassen zu haben. In Büchern über das Gebet und die Kontemplation lesen sie, was man tun muss, um voranzuschreiten. Zum Beispiel heißt es da, wir sollen gelassen sein, wenn andere schlecht von uns reden, wir sollen verachten, was ehrenvoll ist. Wir sollen von unseren Verwandten losgelöst sein ... Dies alles gibt Gott selbst. Wir können es nicht machen. Die Anfänger sollen sich also nicht beunruhigen, wenn sie diese Gefühle noch nicht haben.

(Vida 31,18)

Die Liebe zu Gott besteht nicht im Vergießen von Tränen oder in zärtlichen Gefühlen ..., sondern darin, dass wir Gott dienen in Gerechtigkeit, Standfestigkeit und Demut.

(Vida 11,13)

Empfangen, das scheint mir das Größte; zu geben haben wir nichts! (Vida 11,13)

Ich glaube allerdings, dass Gott schwachen Menschen wie mir mit innerem Trost helfen muss. (Vida 11,14)

Habe ich Geduld mit mir selbst?

4. DER MENSCH JESUS

Ich war im Irrtum, als ich meinte, ich sollte mich in der Meditation nicht in die Nähe des Menschen Jesus begeben. Gott will uns seine Gnade durch die Menschheit Jesu schenken. Der Mensch Jesus ist die Pforte, durch welche uns große Geheimnisse offenbart werden.

(Vida 22,6)

Solange wir leben, sollen wir den Herrn als Menschen vor Augen haben.

(Vida 22,9)

Eines Tages ging ich in den Gebetsraum. Mein Blick fiel auf ein Bild, das man für ein Fest des Klosters ausgeliehen und dort abgestellt hatte. Dieses Bild stellte Christus dar, mit vielen Wunden bedeckt. Es ergriff mich so sehr, dass ich bei meiner Meditation tief erschüttert wurde, Christus so zugerichtet zu sehen. Es kam mir klar zu Bewusstsein, was er für mich gelitten hatte. Der Gedanke an meine Undankbarkeit war so schmerzlich, dass mir fast das Herz brach. Ich warf mich vor Christus nieder, weinte heftig und flehte ihn an, er möge mir doch endlich Kraft geben, ihn nicht mehr zu beleidigen.

(Vida 9,1)

Ich versuchte, mir Christus in meinem Innern vorzustellen, und fühlte mich am wohlsten, wenn ich ihn in seiner Einsamkeit sah. Mir schien, dass er, wenn er einsam und niedergeschlagen war, mich, als eine, die in Nöten ist, zu sich lassen müsste.

(Vida 9,4)

Wie immer es mir geht: Ich darf wissen, dass Jesus mich versteht, in allem!

5. LIEBE WECKT LIEBE

Wenn wir an Christus denken, vergegenwärtigen wir uns vor allem seine Liebe. Liebe aber weckt wieder Liebe. Prägt der Herr unserem Herzen seine Liebe ein, dann wird uns alles leicht. Mit wenig Anstrengung erreichen wir viel. (Vida 22,14)

Es entspricht unserer Natur, dass wir uns danach sehnen, dass unsere Liebe erwidert wird. Das muss etwas Gutes sein, denn unser Herr selbst hat sich danach gesehnt ...

(Brief an Schwester María de San José, 8.11.1581)

Man kann sich vorstellen, bei Christus zu sein, und es sich zur Gewohnheit machen, sich sehr in seine heilige Menschheit zu verlieben, ihn immerfort bei sich zu haben und mit ihm zu sprechen; wenn man in Nöten ist, ihn zu bitten, wenn man sich plagen muss, sich bei ihm zu beklagen, in glücklichen Stunden sich mit ihm zu freuen und ihn nicht zu vergessen. (Vida 12,2)

Immer wieder das Gespräch mit Jesus suchen; denn er ist da und hört mir zu.

6. JESUS ALS GEFÄHRTE

Wir sind keine Engel, wir haben einen Leib. Wir sollten uns auch nicht wünschen, Engel zu sein. Normalerweise müssen wir uns beim Denken an etwas halten. Manchmal aber geht unser Inneres aus sich selbst heraus und ist von Gott so erfüllt, dass wir, um uns zu sammeln, niemand nötig haben. Oft aber sind wir beschäftigt, Verfolgungen oder Leiden stürmen auf uns ein, wir fühlen uns innerlich trocken – finden keine Ruhe. Da ist Christus ein guter Freund für uns. Wir sehen ihn als Menschen, schwach, leidend, als unseren Gefährten. Haben wir uns daran gewöhnt, dann fällt es uns leicht, an ihn zu denken. Manchmal aber können wir weder das eine noch das andere. Dann sollen wir nicht nach Trost suchen, sondern einfach das Kreuz umfassen. Auch der Herr war oft allein im Leiden. Lassen wir ihn nicht im Stich!

(Vida 22,10)

Gerade in den unliebsamen und schwierigen Momenten den Blickkontakt mit Jesus suchen ...

7. VIELE WEGE

Die Betrachtung eines Geheimnisses im Leben des Herrn ist die Gebetsweise, mit der wir beginnen, fortfahren und enden müssen. Dieser Weg ist gut und sicher. Ihn müssen alle gehen, bis der Herr sie eine andere, übernatürliche Gebetsweise lehrt.

(Vida 13,12)

Es gibt viele Menschen,
die nicht so gut über das Leiden Christi
nachsinnen können
wie über andere Dinge.
Im Himmel gibt es viele Wohnungen,
und es gibt viele Wege dahin.
Manchen tut es gut,
über die Hölle nachzudenken,
anderen, über den Himmel.
Einige sind so empfindsam,
dass sie nicht gut
über das Leiden Christi meditieren können,
sondern voll Freude
Gottes Größe
in seinen Geschöpfen betrachten.

Doch sollte man
das Nachsinnen über das Leiden Christi
nicht ganz unterlassen.
Denn von dorther kommt alles Gute.

(Vida 13,13)

Was sind meine liebsten Stellen in den Evangelien? In welchen Szenen, Bildern, Erzählungen ist Jesus mir besonders nah?

III – Mit Jesus auch im Leiden

Es war die Betrachtung des leidenden Christus, die Teresas Leben von Grund auf verändert hat. Ihre Antwort der Liebe lässt sie den Weg des Leidens wählen. Sie will dem nahe sein, der aus Liebe zu ihr gelitten hat.

Der leidende Herr bleibt immer an unserer Seite, auch in Zeiten der Dunkelheit und Prüfung. Dann muss sich unsere Liebe zu ihm neu bewähren. Wir dürfen in aller Not Gott vertrauen, wie sich der verlassene Herr am Kreuz dem Vater anvertraut hat.

Teresa kennt die Sehnsucht nach dem, der fern scheint, ohne den sie aber nicht mehr leben kann. Sie weiß, dass man in schwierigen Zeiten dem Zusammenwirken von Geist, Seele und Körper Rechnung tragen muss. Nicht verbissen, sondern mit Sanftheit den Augenblick leben, so lautet ihr Rat.

1. OHNE MASS

Der Herr hat kein bestimmtes Maß für die Gaben, die er mitteilt. So will auch ich kein Maß haben im Dienst Gottes. Mein ganzes Leben, meine Kraft und meine Gesundheit will ich für ihn einsetzen und nichts versäumen, wodurch ich seine Nähe erfahren kann. Denn ich sehe, dass Menschen, die Gott tiefer kennen, ihn mehr lieben und loben.

(Vida 37,2)

Wenn ein so guter Freund [wie Jesus] dabei ist, kann man alles ertragen. Er hilft und gibt Kraft, er versagt nie, er ist ein echter Freund.

(Vida 22,6)

Niemandem vertraute ich so sehr wie Gott, denn ich erkannte, dass er allein verlässlich ist. In meinen großen Prüfungen schickte mir Gott immer jemand, der mir die Hand reichte. Wenn ich mich ganz auf den Herrn stützte, bekam ich genügend Kraft für seinen Dienst.

(Vida 39,19)

In Mühsal und Prüfungen darauf vertrauen, dass Jesus an meiner Seite ist.

2. DAS KREUZ TRAGEN HELFEN

Jene, die anfangen, das Beten zu üben, sollen nicht nach Genuss Ausschau halten, sondern den Weg mit dem Entschluss beginnen, nichts zu suchen, als Christus das Kreuz tragen zu helfen. Wie edle Ritter sollen sie ihrem König dienen und keinen Lohn verlangen.

(Vida 15,11)

Wer das innere Beten zu üben beginnt, gleicht einem, der Wasser aus einem Brunnen holt. Das ist anstrengend.

(Vida 11,9)

Diese Anstrengung ist wertvoll. Am Anfang und am Ende des Weges bereitet Gott manchmal Schmerzen und Anfechtungen, damit er sieht, ob der Übende den Kelch trinken und ihm das Kreuz tragen helfen kann.

(Vida 11,11)

Bin ich mir bewusst, dass Anstrengung wertvoll sein kann?

3. AUSDAUER UND TREUE

Niemand, der angefangen hat, innerlich zu beten, soll mutlos werden und meinen, es würde nie besser mit ihm.

Es ist eine große Versuchung, die Übung des inneren Betens aufzugeben. Sind wir aber treu, werden wir zum Licht gelangen.

(Vida 19,4)

Am gefährlichsten war für mich, dass ich mir eine falsche Demut zurechtgemacht hatte. Ich dachte, ich sei so schlecht, dass ich das innere Beten nicht einüben könnte ... Wie unklug war ich, das Licht zu fliehen.

(Vida 19,10)

Weil wir in Gefahr sind, zu sehr auf uns selbst zu vertrauen, ist es gut, uns von einem geistlichen Führer leiten zu lassen oder mit Menschen zu sprechen, die Erfahrung im geistlichen Leben haben.

Verlassen wir uns auf die Güte Gottes; sie ist größer als alle Untaten, die wir begehen können.

Gott vergisst unsere Undankbarkeit, wenn wir in uns gehen und zurückkehren zur Freundschaft mit ihm.

(Vida 19,15)

Auch meine Schattenseiten kann ich Gott hinhalten.

4. INNERE DÜRRE

Es gibt Zeiten, in denen nichts mehr in der Seele an einen Garten erinnert. Alles scheint verdorrt und ohne Wasser. Keine innere Kraft ist mehr da. Dieser Zustand ist sehr leidvoll. Aber gerade in ihm wird das zurückgebliebene Unkraut mit der Wurzel ausgerissen. Wir erkennen, dass wir aus eigener Anstrengung, ohne Gottes Gnade nichts vermögen ...

(Vida 14,9)

Es gibt Menschen, die glauben, alles sei verloren, wenn sie in Gott keinen Trost finden. Als ob man so etwas aus eigener Kraft erreichen könnte. Ich sage nicht, dass man nicht alles tun soll, um aufmerksam vor Gott zu stehen. Sollte uns aber kein guter Gedanke kommen, was regen wir uns auf? Wir sind unnütze Knechte (vgl. Lukas 17,10). (Vida 22,11)

Gott sorgt sich mehr um uns als wir selbst. Er weiß, was wir vermögen. (Vida 22,12)

Wo alles verloren und aussichtslos scheint,
im blinden Vertrauen auf Gott weitergehen ...

5. VERLASSENHEIT

Gott führt Menschen in große Verlassenheit. Sie glauben, dass niemand auf Erden ihnen Trost schenken kann. Sie haben nur noch einen Wunsch: in dieser Einsamkeit zu sterben. Was der Beter auch tut, sein Inneres bleibt einsam und verlassen. Trotzdem erfährt er eine tiefe Seligkeit. Dies ist aber kein Trost für ihn, weil er sieht, wie fern er von Gott ist.

(Vida 20,9)

In seiner Verlassenheit fühlt der Betende einen feinen und durchdringenden Schmerz.

> „Ich liege wach und ich klage
> wie ein einsamer Vogel auf dem Dach."
> (Psalm 102,8)

Vielleicht wusste sich der Psalmbeter auch so verlassen wie ich. Dieser Psalmvers hat sich an mir erfüllt. Es tröstet mich, dass auch heilige Menschen sich so einsam gefühlt haben.

(Vida 20,10)

Ich dachte an die Worte des heiligen Paulus: „Ich bin der Welt gekreuzigt“ (Galater 6,14). Nicht dass ich dies schon wäre, eher sehe ich an mir das Gegenteil. Trotzdem scheint mir, der Mensch empfängt in diesem Zustand weder vom Himmel noch von der Erde Trost. Er ist zwischen Himmel und Erde gekreuzigt und erfährt keine Hilfe.

(Vida 20,11)

Meine „Verlassenheiten“ können zu einer Begegnung mit dem Gekreuzigten werden …

6. SCHMERZ DER LIEBE

Die innere Ruhe und der Trost, die ich früher in der Einsamkeit und im Gebet empfand, sind jetzt in Schmerz verwandelt. Dieser Schmerz ist zugleich Freude. Diese Erfahrung ist für mich etwas Sicheres, da sie der Weg des Kreuzes ist.

(Vida 20,15)

Den Schmerz, den der Mensch über das Fernsein Gottes empfindet, kann er nicht machen. Manchmal ist es ihm, als würde in das Innerste seines Herzens ein Pfeil gestoßen.

Es ist nicht zu beschreiben, wie groß der Schmerz ist, den er leidet. Aber es ist ein so kostbarer Schmerz, dass es in diesem Leben keine Freude gibt, die mehr Befriedigung schenkt.

(Vida 29,10)

Es war mir, als durchbohrte der Engel mein Herz mit einem Pfeil bis ins Innerste. Ich konnte mich mit nichts mehr begnügen als mit Gott. Das war kein körperlicher, sondern ein innerlicher Schmerz, obwohl auch der Leib daran teilhatte. Es war eine so zärtliche Liebkosung zwischen der Seele und Gott, dass ich ihn bat, er möge das auch den erleben lassen, der denkt, ich würde lügen.

(Vida 29,13)

Es gibt Erfahrungen im geistlichen Leben, die uns womöglich fremd sind, vielleicht auch fremd bleiben; denn der Herr führt jeden auf einen unverwechselbaren Weg. Bin ich offen für seine Überraschungen?

7. KLUGHEIT UND MILDE

Unsere Unfähigkeit zu beten kommt oft von körperlicher Schwäche. Veränderung der Witterung und Beeinträchtigung des Kreislaufs können schuld daran sein, dass wir viel zu leiden haben. Man sollte sich dann eingestehen, dass man krank ist, und die Stunde des Gebets auf eine andere Zeit verlegen …

(Vida 11,15)

Bei sehr großer Zerstreuung ist es besser,
sich nicht zu etwas zu zwingen,
was man nicht kann.
Man sollte dann lieber ein gutes Werk tun
oder einfach lesen.
Auch ist es gut,
geistliche Gespräche zu führen
oder spazieren zu gehen.
Das Joch Christi ist sanft.
Wollen wir vorankommen
auf dem Weg inneren Betens,
ist die Sanftheit wichtig.

(Vida 11,16)

Ist man krank
und opfert sein Leiden Gott auf,
so ist das ein wahres Gebet.
Man denkt an den,
für den man leidet
und gibt sich dem Willen Gottes hin.

(Vida 7,12)

Schenke ich dem Leib die gebührende Beachtung? Auch mit dem Leib können wir „beten", in Gesundheit und Krankheit, auch durch Ausruhen!

IV – Lebendiges Beten

Bei allem eigenen Bemühen und Streben nach der Freundschaft mit Gott ist und bleibt es stets Gott, der sich schenkt, wem und wann er will. Vor ihm bleiben wir immer „Anfänger“, die sich bewusst sind, begrenzt und voller Fehler zu sein und der Liebe und Zuwendung Gottes zu bedürfen.

Wer nicht an sich denkt, lebt ganz aus dem, dem er alles verdankt. Solche Beter sind fähig, zugleich bei Gott und den Menschen zu sein, Kontemplation und Aktion miteinander zu verbinden und aus der Nähe Christi das Leben im Alltag zu gestalten.

Hingabe und Selbstvergessenheit setzen neue Kräfte frei, um im Hier und Jetzt leben zu können – und doch auch schon im Himmel daheim zu sein und mit Freuden die endgültige Begegnung mit dem zu erwarten, dessen Freundschaft das ganze Leben getragen hat.

1. GOTT SCHENKT

Die Erfahrung [der Kontemplation] ist eine Gabe, die Gott schenkt, wann und wie er will. Weder Zeit noch geleistete Dienste spielen eine Rolle. Ich behaupte nicht, Zeit und Anstrengung würden nichts dazu beitragen. Oft jedoch gibt Gott in zwanzig Jahren nicht, was er in einem Jahr gibt. Wir sind im Irrtum, wenn wir meinen, wir könnten mit den Jahren verstehen, was nur durch die Erfahrung erkannt wird.

(Vida 34,11)

Kein Mensch ist so groß, dass er es nicht nötig hätte, wie ein Kind an der Mutterbrust zu saugen.

Keine Gebetsstufe ist so erhaben, dass der Betende nicht wieder Anfänger werden müsste.

Die Betrachtung unserer Sünden und die Selbsterkenntnis sind das Brot, das wir auf dem Weg des Gebets zu aller noch so köstlichen Nahrung essen müssen. Jedoch soll all das maßvoll geschehen.

(Vida 13,15)

Langsam fand ich zu mir selbst zurück. Ich fiel zwar immer noch in Fehler, aber ich verlor den Weg nicht mehr. Kam ich auch nur langsam voran, weil ich bald wieder fiel, stand ich doch rasch wieder auf und ging voran. Wir dürfen nicht nachlassen vorwärtszugehen; dann kommen wir, wenn auch spät, ans Ziel. Das Gebet aufgeben heißt den Weg verlassen.

(Vida 19,12)

„Neu beginnen" – ein Leitmotiv fürs ganze Leben, auch für heute – auch in der Beziehung zu Gott!

2. GÖTTLICHE GEGENWART

Der Betende vergisst alle Leiden, er hat nur den Wunsch, Gott zu schauen. Trost findet er allein in der Beziehung oder im Gespräch mit einem Menschen, der Ähnliches erfahren hat wie er.

(Vida 20,13)

Christus ließ mich klar erkennen, dass er bei geistlichen Gesprächen gegenwärtig ist. Er zeigte mir, wie sehr jene ihm dienen, die gern von ihm sprechen.

(Vida 34,17)

Wir sollen innewerden,
dass Gott uns hört,
dass er uns nahe ist.
Wir erkennen dies
an dem großen inneren und äußeren Frieden,
den Gott dem Menschen schenkt,
und an dem Unterschied,
der zwischen dieser Freude
und dem irdischen Glück besteht …
Tief im Innersten seines Wesens
fühlt der Mensch diesen Frieden,

ohne zu wissen,
woher und wie er gekommen ist.
Man weiß auch nicht,
was man noch wünschen oder bitten soll.
Irgendwie hat man alles Gute gefunden
und weiß doch nicht,
was man gefunden hat.

(Vida 14,6)

In welchen Momenten habe ich etwas verspürt von dem Frieden seiner Gegenwart?

3. KONTEMPLATION UND AKTION

Zunächst wollte der Beter nur die Freude genießen, wie Maria beim Herrn zu sein (vgl. Lukas 10,38–42). Dann kann er auch Marta sein. Dann vereint er tätiges mit beschaulichem Leben. Ist die Zeit zum Alleinsein da und keine Geschäfte müssen erledigt werden, kommt der Mensch in eine tiefe Ruhe. Er gleicht dem, der satt ist und keine Speise braucht. Er denkt nicht an die Freuden dieser Welt, weil er den in sich hat, der ihn ganz erfüllt. Doch die Sehnsucht nach der Nähe Gottes kann immer wachsen.

(Vida 17,4)

Mit Gott vereint
kann der Beter
von seinem Reichtum austeilen –
ohne Angst, er würde etwas verlieren.
Ja, er sehnt sich danach,
mit anderen seine Gaben zu teilen,
damit er nicht für sich allein reich sei.
Fast ohne es zu merken,
hilft er seinem Nächsten.

(Vida 19,3)

Wer in Gott lebt, wird fähig,
mit ganz unterschiedlichen Menschen
umzugehen …
Wer stark und mutig ist,
kann anderen helfen,
aber er hat die Kraft nicht aus sich selbst.

(Vida 21,11)

Mit Gott verbunden sein: im Beten und Tun!

4. DIE NÄHE CHRISTI

Eines Tages sah ich – weder mit den Augen des Leibes noch der Seele –, dass Christus nahe bei mir stand. Es war mir, als wäre Jesus Christus beständig an meiner Seite. Ich brauchte mich nur ein wenig zu sammeln, dann merkte ich schon, dass er neben mir war.

(Vida 27,2)

Gott teilt sich in einer Freundschaft und Liebe mit, die man nicht beschreiben kann. (Vida 27,9)

Ich glaube, der Herr will, dass wir etwas von dem erfahren, was im Himmel geschieht.

(Vida 27,10)

Eines Tages sah ich im Gebet, wie Gott die Dinge sieht und wie man sie alle in ihm sehen kann. Ich kann es nicht beschreiben, aber diese Schau prägte sich in meinem Innern tief ein. Es war eine der größten Gnaden, die Gott mir schenkte.

(Vida 40,9)

Habe ich dem Herrn einmal bewusst gedankt für die kleinen oder großen Zeichen seiner Nähe?

5. HINGABE

Wer zum inneren Beten findet, möchte weder über sich noch über andere Dinge verfügen, und wäre es auch nur eine Birne im eigenen Garten. Alles Gute, das er hat, soll Gott austeilen. Über all sein Eigentum soll der Herr nach seinem Willen und zu seiner Ehre verfügen.

(Vida 20,22)

Es genügt nicht,
Gott nur kleine Dinge darzubringen,
wenn wir es können,
wollen wir das Schönste vollbringen.
Man sagt, Sich-Verschenken sei Unsinn.
Wüsste man, dass dieses Verlangen
von Gott kommt,
würde man sich nicht wundern.

(Vida 20,23)

Jesus, stärke mich,
gib mir die Möglichkeit,
etwas für dich zu tun.
Wie könnte ich es ertragen,
so viel von dir zu empfangen,
ohne es dir zu vergelten?
Lass mich nicht mit leeren Händen
vor dir erscheinen ...

Hier ist
mein Leben,
meine Ehre,
mein Wille.
Ich habe dir alles gegeben,
ich gehöre dir,
verfüge über mich,
wie du willst.

(Vida 21,5)

Was kann ich Gott noch schenken, was kann ich ihm vertrauensvoll übergeben?

6. SELBSTVERGESSENHEIT

Manchmal bete ich, ohne dass ich weiß, was ich sage. Dann spricht einfach die Liebe in mir, und mein Inneres ist so außer sich, dass ich nicht auf den Unterschied achte, der zwischen mir und Gott besteht.

Der Mensch, der Gottes große Liebe erfährt, vergisst sich. Er scheint in Gott zu sein, und als Eigentum Gottes redet er törichte Dinge.

(Vida 34,8)

Ich behaupte nicht, dass ein Mensch im Lauf der Jahre innerlich nicht wachsen kann. Ich betone nur, man soll die Jahre, die man in der Übung des inneren Betens verbracht hat, vergessen. Im Vergleich zum Blut, das Jesus für uns vergossen hat, ist diese Zeit gering. Lassen wir das Urteilen! Schon im Alltag ist das ein Übel. Gott zeigt uns deutlich, dass er den Letzten den gleichen Platz gibt wie den Ersten (vgl. Matthäus 20,8–16).

(Vida 39,16)

Gott meine Liebe bekunden – ohne viele Worte, durch mein Leben!

7. PILGERSCHAFT

Ich erkenne,
dass ich hier nur ein Pilger bin.
Denke ich an jene,
die schon bei Gott sind,
meine ich,
dass sie wirklich Lebende sind,
während die Lebenden hier
mir tot erscheinen.

(Vida 38,6)

Mein Inneres sehnt sich nach dem, was ich mit den Augen des Geistes sehe. Dass ich noch so fern davon bin, bedeutet für mich qualvolles Sterben.

(Vida 38,7)

Wirkt Gottes Geist im Menschen, gibt er ihm eine mit Demut und Furcht verbundene Zuversicht, dass er einst Gott schauen darf. Seine Liebe zu Gott wird selbstlos. Von Zeit zu Zeit will er allein sein, um sich an Gott tiefer freuen zu können.

(Vida 15,14)

Die Gnade, die ich im Gebet empfing, bewirkte, dass ich mich vor dem Tod nicht mehr ängstigte, obwohl ich ihn so gefürchtet hatte. Erhebt Gott den Geist des Menschen zu sich, ist das, wie wenn die Seele beim Sterben den Leib verlässt. Plötzlich fühlt sich unser Inneres aus seiner Enge befreit und in Ruhe versetzt.

(Vida 38,5)

Sinnvoll ist alle Mühe,
wenn wir uns ganz dem hingeben,
der sich uns ohne Maß schenkt.

(Nachwort, 3)

Bleibe bei uns, Herr!
Hilf uns, in dir zu bleiben!

Zeittafel

1515	28.3.: Geburt Teresas de Ahumada y Cepeda.
1517	Luthers 95 Thesen kommen in Umlauf.
1519	Karl V. wird Kaiser des Hl. Römischen Reiches deutscher Nation.
1528	Tod der Mutter Teresas, Doña Beatriz de Ahumada.
1531/32	Teresa im Internat der Augustinerinnen Santa María de Gracia in Avila.
1535	2.11.: Eintritt Teresas ins Karmelitinnenkloster von der Menschwerdung in Avila.
1539	Ignatius von Loyola gründet die Gesellschaft Jesu.
1542	Geburt von Juan de Yepes, des späteren Johannes vom Kreuz, in Fontiveros.
1543	Tod des Vaters Teresas, Don Alonso de Cepeda.
1545	Beginn des Konzils von Trient (mit Unterbrechungen bis 1563).
1546	Tod Martin Luthers.
1554	Innere Erschütterung Teresas vor einem Bild Jesu Christi.
1556	Karl V. dankt ab und zieht sich ins Kloster Yuste zurück. Philipp II. besteigt den spanischen Thron.
1559	Verbot aller geistlichen Literatur in der Volkssprache in Spanien.
1560/62	Teresa schreibt ihre Autobiografie (Vida).
1562	24.8.: Gründung des Klosters San José in Avila – das erste Kloster der Reform.

1562	Teresa beginnt das Buch „Weg der Vollkommenheit" zu schreiben.
1563	Abschluss des Konzils von Trient. 22.8.: Juan de Yepes tritt ins Karmelitenkloster zu Medinadel Campo ein. Teresa schreibt für ihr neues Kloster Satzungen (Constituciones), die 1565 durch Papst Pius IV. bestätigt werden.
1567	Teresa erhält die Erlaubnis, weitere Schwesternklöster und zwei Mönchsklöster zu gründen. Teresa lernt in Medina del Campo Juan kennen und gewinnt ihn für die Reform; er nennt sich Johannes vom Kreuz.
1568	28.11.: Johannes vom Kreuz und Antonio de Jesús (de Heredia) gründen das erste Männerkloster der Reform in Duruelo.
1571/74	Teresa ist drei Jahre lang Priorin im Kloster von der Menschwerdung in Avila.
1572	Johannes vom Kreuz wird Beichtvater und Vikar der Schwestern im Kloster von der Menschwerdung in Avila.
1573	Teresa beginnt, das „Buch der Klosterstiftungen" zu schreiben.
1574	Der Ordensgeneral P. Rossi widerruft alle Vollmachten, die er Teresa gegeben hat. Im Dezember wird Teresa befohlen, sich zurückzuziehen.
1575	Beginn der Verfolgung des reformierten Zweigs des Ordens.

1577	Im Auftrag P. Graciáns schreibt Teresa „Die innere Burg“. 2./3.12.: Johannes vom Kreuz wird von Karmeliten der alten Observanz aus Avila entführt und in Toledo gefangen gehalten.
1578	Mitte August: Johannes vom Kreuz flieht aus dem Kerker in Toledo.
1579	1.4.: Die Karmeliten der Reform (die sog. Unbeschuhten) unterstehen nicht mehr den Karmeliten der alten Observanz. Ende der Verfolgung.
1582	Auf der Rückreise von ihrer letzten Klostergründung in Burgos stirbt Teresa am 4. Oktober in Alba de Tormes.
1588	Erste Herausgabe der Schriften Teresas durch Fray Luis de León in Salamanca.
1591	14.12.: Johannes vom Kreuz stirbt im Kloster zu Ubeda.
1614	Seligsprechung Teresas.
1622	Heiligsprechung Teresas.

Bibliografische Hinweise

Die zitierten Texte stammen aus der Autobiografie von Teresa von Avila, „Libro de la Vida", veröffentlicht im Rahmen der „Obras Completas de Santa Teresa de Jesús", hg. von Efrén de la Madre de Dios OCD und Otgger Steggink OCarm. (Biblioteca de Autores Cristianos), Madrid (4.–9. Aufl.) 2006. Eine Faksimile-Ausgabe der Erstausgabe der Werke der hl. Teresa (Salamanca 1588) erschien in der „Collecciòn Tesoro" (Bibilioteca Nueva, Madrid 1935).

Die deutsche Fassung wurde für die vorliegende Ausgabe bearbeitet anhand folgender deutschsprachiger Werkausgaben:

Sämtliche Werke der hl. Teresa von Jesu, übertr. v. Aloysius Alkofer OCD, 6 Bände, München 1956–1963.

Gesammelte Werke, hg., übers. u. eingel. v. Ulrich Dobhan u. Elisabeth Peeters, vollst. Neuübertr., Freiburg i. Br. 2001ff. Bd. 1: Das Buch meines Lebens, 3. Aufl. 2004; Bd. 2: Weg der Vollkommenheit (Kodex von El Escorial), 2003; Bd. 3: Gedanken zum Hohenlied, Gedichte und kleinere Schriften, 2004; Bd. 4: Wohnungen der Inneren Burg, 2005; Bd. 5: Das Buch der Gründungen, 2007.